EN CORSE

MAUX ET REMÈDES

PAR

Henri HAUSER

Extrait de la **Revue Politique et Parlementaire** (*Septembre 1909*)

PARIS

BUREAUX DE LA *REVUE POLITIQUE ET PARLEMENTAIRE*

63, RUE DE L'UNIVERSITÉ

EN CORSE

MAUX ET REMÈDES

PAR

Henri HAUSER

Extrait de la **Revue Politique et Parlementaire** (*Septembre 1909*)

PARIS

BUREAUX DE LA *REVUE POLITIQUE ET PARLEMENTAIRE*

63, RUE DE L'UNIVERSITÉ

DEUXIÈME PARTIE

EN CORSE : MAUX ET REMÈDES

Les dernières grèves d'inscrits maritimes ont récemment donné aux questions corses une cruelle actualité. Les Français du continent ont été tout étonnés d'apprendre que, dans un de nos départements, le pain avait manqué; que, partout dans l'île, les prix des grains et des farines s'étaient considérablement accrus; que, dans deux arrondissements, ils étaient devenus inabordables, bref, que la Corse avait été menacée de famine (1). A côté des ruines accumulées en Algérie par l'interruption des transports avec la métropole, la misère corse a influé sur le vote de la loi qui suspend le monopole de pavillon. Et ainsi, les milieux politiques ont été, un peu brutalement, amenés à se poser cette interrogation: qu'est-ce que la Corse ?

Un « pays de montagnes dans la mer » (2), qui n'est pas à plus de 160 kilomètres de nos côtes (la distance de Toulon à Nice), et à 460 kilomètres d'une autre terre française, la Tunisie; une île qui est nôtre depuis 140 ans, et dont le nom tient une place énorme dans notre histoire, un département enfin, classé à son rang alphabétique dans la liste de nos divisions administratives, pourvu, comme les autres départements, de tout un cortège de fonctionnaires, de juges, d'officiers: voilà, de loin, ce qu'est la Corse. De près, une terre qui n'arrive pas à nourrir ses 300.000 habitants (3), et qui mourrait positivement de faim si un accident imprévu — guerre, grèves, successions de tempêtes — empêchait pendant plusieurs semaines l'arrivée des navires qui lui appor-

(1) La présente étude était rédigée avant la dernière crise des transports: elle en annonçait les conséquences. Nous nous sommes contentés de remanier les parties qui avaient vieilli, et nous avons utilisé le rapport, récemment paru (*Officiel* du 4 juillet), de la Commission interministérielle.

(2) Fr. Ratzel, *La Corse* (*Ann. de Géogr.*)

(3) 291.000 au dernier recensement.

tent du continent sa provision de farine, de pommes de terre, de sucre ; une agriculture rudimentaire, dont on ne trouve plus la pareille que dans quelques coins déshérités des hauts plateaux algériens; une économie à la fois enfantine et ruineuse, l'argent sortant constamment de l'île pour payer les subsistances et la main-d'œuvre, et n'y rentrant que sous la forme des traitements et des pensions que le Trésor public paie à ses fonctionnaires ou à ses retraités: voilà, en sa réalité désolante, la Corse telle qu'elle est, la Corse qui se cache derrière un merveilleux décor, chatoyant et embaumé. Cette Corse-là est une honte pour la France, en attendant qu'elle devienne un péril.

Il semble que les événements du printemps aient eu cet excellent effet de réveiller le zèle un peu somnolent de la Commission interministérielle qu'un décret du 8 septembre 1908 avait chargée de préparer le relèvement économique de la Corse (1). Elle s'était réunie, cette grande Commission ; elle avait visité (du moins une sous-commission avait visité) les villages de la montagne; comme jadis les « enquêteurs » des rois capétiens, elle avait reçu les doléances plus ou moins naïves, outrecuidantes et insensées, ou pitoyables et touchantes, des grands et des petits, des clans victorieux et de ceux qui avaient mordu la poussière. Derrière elle, une immense espérance avait traversé la Corse. On avait cru là-bas, avec une fougue toute méridionale, avec cette disposition toute latine à toujours attendre le salut, — et le salut sous trois mois, — de cette Providence qui s'appelle l'Etat, on avait cru que la Commission allait, d'un coup de baguette, régénérer la Corse: n'avait-elle pas annoncé que son rapport général serait déposé en décembre 1908?

Puis..., personne n'entendit plus parler d'elle. — Et les mauvaises langues disaient déjà qu'elle attendait, pour faire connaître les résultats de son enquête, la veille des prochaines élections législatives.

Les mauvaises langues avaient tort. L'*Officiel* du 4 juillet (cela ne fait guère que six mois de retard) publie le

(1) Il suffit de connaître la composition de la Commission pour être assuré que son zèle n'avait pas besoin d'être réveillé. Ce que dit notre excellent collaborateur M. Hauser s'applique aux bureaux du ministère de l'Intérieur et à M. Clémenceau. F. F.

compte-rendu sommaire des travaux de la Commission (1). Ce n'est, d'ailleurs, encore, qu'une simple table des matières (2), qui ne prendra toute sa valeur que lorsque nous connaîtrons les rapports spéciaux qu'elle résume. Ce résumé revient sur les maux qui avaient été dénoncés en septembre dernier, dans le rapport du Président du Conseil; il indique un certain nombre de remèdes.

Mais, pour important que soit ce *compte-rendu*, nous croyons qu'il laisse encore place à une étude indépendante.

Réunion de fonctionnaires, la Commission était tenue à une certaine réserve: elle n'a osé tout dire. Renseignée surtout par des administrateurs, elle a vu surtout les choses corses sous l'angle administratif. Elle semble avoir éprouvé, à l'endroit des coutumes insulaires, l'espèce d'irritation naturelle à un fonctionnaire continental, — capitaine de gendarmerie, juge ou préfet,— qui se trouve brusquement transporté dans un milieu auquel s'appliquent imparfaitement les lois, décrets, arrêtés, règlements et circulaires dont le maniement lui est familier. Et cette irritation se traduit souvent dans les décisions de la Commission: les mesures qu'elle propose sont plus souvent des mesures coercitives et répressives, que de vraies réformes; les réformes mêmes sont plutôt des réformes superficielles, purement administratives, que des réformes organiques et profondes, destinées à modifier l'état social. Nous aborderons ici le problème avec un esprit plus libre.

Si l'on voulait résumer en une formule (inexacte et incomplète comme toutes les généralisations), les causes qui mènent cette île à la ruine, on pourrait dire que la Corse souffre de trois fléaux, qu'elle doit lutter contre trois ennemis: la dent du petit bétail (chèvres et moutons), l'organisation des transports, le politicien.

(1) *Annexes*, p. 715-721. Le président de la Commission est M. Delanney.

(2) Rédigée, semble-t-il, avec une certaine précipitation. C'est ainsi qu'on lit à la page 716, cette rubrique: *Situation comparée de la Corse et de la Sardaigne*; en réalité, il s'agit tout simplement du rapport du préfet, M. Chaleil, rapport dont les premières lignes touchent seules à la question sarde, et dont la dernière partie se fond dans le rapport général de M. Delanney.

Nous étudierons ailleurs, les deux premiers de ces fléaux. Nous nous réservons, dans cette *Revue*, d'insister sur le troisième, sur le *morbus politicus*. Ensuite, nous indiquerons quelques-uns des remèdes qui nous paraissent nécessaires.

I. — La Vie publique.

« Ne doit-on pas rappeler, disait M. Clémenceau dans son rapport de septembre, que Napoléon, comprenant que l'assimilation de son pays à la France continentale constituait une erreur économique, voulait en faire une colonie? »

On se prend parfois à regretter que Napoléon n'ait pas réalisé sa pensée. Colonie ou pays de protectorat, la Corse aurait sa législation forestière appropriée, son organisation spéciale des ponts et chaussées, son système scolaire, peut-être son budget. Elle aurait, dans sa capitale, un gouverneur général, responsable vis-à-vis du gouvernement central de la prospérité de l'île, entouré d'un état-major de directeurs techniques, adaptés à leur fonction, et dont l'avenir serait lié au développement même du pays. Il y aurait entente entre ces chefs de service, et l'on ne verrait pas, comme aujourd'hui, l'Administration des Domaines recevoir, de Paris, l'ordre de vendre à vil prix tous les biens qui peuvent tomber entre ses mains, tandis qu'à côté d'elle, l'Administration des Forêts achète très cher des terrains à repeupler.

La Corse, « colonie », aurait, à Paris ou à Marseille, des agents commerciaux, un « Office », des publications de propagande, destinés à faire connaître ses produits et ses ressources, à lui recruter des touristes, des « colons », des capitaux. « Colonie », la métropole » se préoccuperait de la « mettre en valeur »; elle n'hésiterait pas à lui verser des subventions ou à lui faire des avances pour ses travaux d'assainissement, de viabilité, de ports, de reboisement, pour ses constructions d'écoles ou d'hôpitaux, pour ses fermes-modèles ou ses jardins d'essais ; et elle surveillerait l'emploi de ces subventions et de ces avances, comme un tuteur scrupuleux surveille les dépenses d'un mineur inexpérimenté. Elle ne songerait pas à appliquer des lois faites pour la Seine-Inférieure ou la Dordogne à un « département qui..., par sa position géographique, par son histoire, par les caractères distinctifs de sa population, ne saurait être comparé à aucun département français (1) ». Colonie, elle ne serait pas administrée presque exclusivement par des fonctionnaires corses, jugée par des juges corses, parce qu'on ne choisit pas exclusivement des fonctionnaires algériens pour gouverner l'Algérie, parce qu'on veut faire pénétrer dans une colonie, surtout dans une colonie de race blanche, les courants de la vie nationale. Colonie, la question de ses relations fréquentes, régulières, faciles avec la métropole, serait traitée non comme une question commerciale ou même postale, mais comme une question d'Etat, une question de souveraineté.

Mais la Corse n'est pas une colonie ; et elle n'est pas un département comme les autres. Preuve en soit qu'elle est soumise à un régime douanier spécial et ruineux. Produit hybride de deux conceptions administratives, elle a les inconvénients de sa double situation, ni autonome, ni fortement rattachée au groupe dont elle fait nominalement partie. On lui applique, il est vrai, les lois françaises. Mais comme elles sont transportées, telles quelles, dans un sol pour lequel le législateur ne les a point conçues, « il convient de reconnaître que les lois même les plus bienfaisantes se sont retournées contre elle (2). »

Et c'est, dans le rapport officiel, un navrant défilé de lois excellentes — assistance obligatoire, assistance médicale, lois sociales, — qui ne se sont manifestées en Corse que par leur impuissance ou par leur malfaisance (3). Quelle leçon pour ceux qui gardent la croyance naïve à la valeur universelle des formules législatives ! Il n'est pas jusqu'aux règles

(1) *Rapport Clémenceau*, p. 6630.

(2) *Ibid.*

(3) *Rapport cité:* « Ou bien elles ont dévié de leur but, ou bien elles se sont heurtées à une force d'inertie invincible. Dans l'un ou l'autre cas, elles ont été très mal ou peu appliquées, engendrant une série de contradictions et d'abus, devenant des sources de ruine pour le département et pour l'Etat. »

de notre comptabilité publique, dont le simple jeu, le jeu automatique, n'ait pour résultat fatal, en Corse, de créer le néant. Ces règles ne supposent-elles pas, en effet, une constante participation des corps locaux aux dépenses consenties par l'Etat? Si on les appliquait à la Corse en toute rigueur, il n'y aurait dans l'île ni ports, ni écoles, ni hôpitaux, ni routes; car, pour contribuer, il faut avoir des ressources: les communes corses n'ont que des dettes. Où il n'y a rien, le roi perd ses droits; et, à l'abri de cette législation tutélaire, la Corse meurt. Ces mêmes corps locaux, directement intéressés à la gestion des deniers qui sont en partie les leurs, en ont dans une certaine mesure, chez nous autres « continentaux », le maniement; ils interviennent dans l'emploi, dans la distribution des fonds. Mais lorsqu'un pays qui ne possède rien reçoit, en vertu d'une concession spéciale et exceptionnelle, des fonds de l'Etat, quelle bonne aubaine pour ceux qui ont part au gâteau, quelle tentation d'en réserver les meilleures tranches à soi-même et à ses amis ? Et voilà comment — parce que cette île est un département — les millions nationaux fondent, se volatilisent au soleil corse.

Ici intervient un nouveau facteur, la conception insulaire de la politique. Soyons sincères: cette conception n'est pas essentiellement, exclusivement corse. Elle est bien, dans une certaine mesure, une conséquence nécessaire du gouvernement par les assemblées, puisqu'on la retrouve dans le *spoils system* américain. Elle semble bien, dans les pays méditerranéens — en Provence ou en Languedoc, en Algérie, dans l'Italie méridionale, en Grèce, — se rattacher à l'ensemble des habitudes locales, ancestrales même, à la conception antique de la *gens* et de la clientèle. Comme Cléon succédait à Périclès, une famille corse succède à une autre famille. La *vendetta* descend du maquis pour s'installer à l'Hôtel de Ville; le fusil tend à être remplacé, je ne dis pas par le bulletin de vote, mais par l'urne à double fond. C'est l'arme qui doit assurer le triomphe du clan (1).

(1) Au point de vue corse, l'histoire de l'Empire se résume dans l'écrasement des Bonaparte par les Pozzo di Borgo. Leur château de la Punta, fait avec les débris des Tuileries, et dominant de plus de 700 mètres le berceau de Napoléon, est un symbole.

Aussi, la politique de parti s'est-elle révélée, dans ce pays de clan, particulièrement malfaisante. Transplanté trop tôt chez un peuple qui manquait encore d'éducation civique, le suffrage universel, il faut bien le dire, y a porté des fruits détestables. Il y a engendré la politique plébiscitaire (qui, par parenthèse, a été apportée sur le continent par un Corse), mais sous sa forme la plus ruineuse, le plébiscite d'arrondissement ou de clocher. Etre de la bande du chef, de celui qui détiendra le pouvoir, c'est l'A B C de la politique corse.

J'ai à peine besoin d'insister sur ce fait, tant les documents officiels le tiennent eux-mêmes pour constant (1). Si les lois d'assistance fonctionnent mal en Corse, c'est parce que l'assistance est un moyen de distribuer la sportule à ses clients, transformés artificiellement en indigents, et de vexer ses adversaires, même s'ils sont de vrais misérables. L'assistance médicale devient une arme entre les mains de médecins qui sont des politiciens. Dix-huit médecins au Conseil général !

La question du reboisement est une question politique: ne seront tenus de replanter, que les partisans du clan battu au dernier scrutin. Les dégrèvements sont des dégrèvements politiques. L'inscription sur les listes électorales est un privilège politique (2). On accordera ou l'on refusera à un instituteur l'autorisation d'ouvrir une classe supplémentaire, suivant qu'il aura ou non voté pour le maire. Quant à l'intérêt des enfants de la commune, bagatelle !

On vote si bien pour un homme, non pour un parti, que l'élu considère son mandat comme une valeur négociable. On conte tout haut là-bas, sans craindre d'être démenti, l'é-

(1) Voy. le *Rapport* du 6 septembre 1908.

(2) Histoire corse: Dans une petite commune, le maire a pour adversaire politique le pâtre communal. Le juge de paix, quelques jours avant le scrutin, dit au pâtre: « Tu prétends t'appeler Cristiani, tu t'appelles Canioni. Je suis obligé de te rayer des listes électorales. » Le pauvre homme, dépouillé de son identité, proteste, va jusqu'au Tribunal, obtient justice. Mais, dans l'intervalle, le maire avait été élu, et l'avait révoqué. L'histoire serait presque drôle, si la suite n'était pas tragique: quelques jours après, Cristiani attend le maire devant la maison commune, l'interpelle et, à bout portant, l'étend raide mort. Jugé par un jury du parti du maire, il est envoyé au bagne à perpétuité; il y est encore.

tonnante histoire de ce député radical qui, étant cousu de dettes, se fit promouvoir sénateur et vendit sa circonscription à un légitimiste millionnaire. Et l'on ajoute que, peu de jours avant le scrutin, chaque électeur trouva devant sa porte un sac de pommes de terre. L'histoire est-elle vraie? Toujours est-il qu'elle respire un indéniable parfum de maquis (1).

Que peuvent faire, en un tel pays, les fonctionnaires, quand ils sont Corses (2)? Voici un receveur des Domaines: installez-le dans son canton d'origine. Décernera-t-il des contraintes contre ses compatriotes mauvais payeurs? « Vraiment, Luciano, ou Giovanni, nous n'aurions jamais cru cela de toi. Qu'un autre vienne nous prendre notre argent, passe encore. Mais toi, un des nôtres... » Du moment qu' « un des leurs » est dans l'Administration des finances, ces braves gens s'imaginent, naïvement et sincèrement, qu'ils ne sont plus des contribuables.

De même, si les juges sont de leur parti, les délinquants ne sont plus des justiciables. Les tribunaux, la Cour de Bastia, sont peuplés de magistrats corses. Supposez à ces hommes, individuellement, toutes les vertus, la plus haute conscience professionnelle; admettez qu'ils feraient, à Gap ou à Valenciennes, des magistrats intègres: il est impossible que, dans ce pays, ils ne subissent pas la pression du milieu. Ils sont d'un clan, ils en arrivent fatalement à voir les choses sous l'angle favorable au clan. La justice en Corse ne prononce pas des arrêts; elle met la force de la Loi au service d'un parti. Les juges de paix sont tous Corses, et ils détiennent, par leur rôle dans la confection des listes électora-

(1) En avril dernier, une jeune fille de Pianottoli (près de Bonifacio), nous voit arriver avec des mimosas: « Je n'ai pas vu de ces fleurs depuis les élections. On ne les voit dans ce pays qu'à ces moments-là, quand les candidats en donnent à tout le monde. » Ici la corruption électorale avait revêtu un masque de poésie.

(2) Ils prennent le parti de ne rien faire du tout. Il faut les voir, à Ajaccio, reconnaissables à leurs chapeaux hauts de forme, qui passent leurs journées à déambuler sur le cours Napoléon et la place du Diamant. On n'arrive même pas à constituer en Corse les comités départementaux de caractère scientifique; pas de comité de recherches économiques sur la Révolution.

les, dans la nomination du jury, etc., les instruments mêmes de la souveraineté.

Que fait l'Etat, j'entends l'administration qui reçoit les ordres de Paris, pour mettre un terme à cet état de choses? Disons crument les choses, comme aucune Commission, même interministérielle, ne peut les dire: non seulement l'Etat ne tente rien pour arrêter la corruption électorale et la politique de clan, mais l'Etat fait, de cette corruption même, un instrument de règne. Loin d'être l'arbitre entre les partis, il est l'allié d'un parti, c'est-à-dire l'allié de quelques personnalités influentes, d'une coterie, d'un *çof*. Dans leurs rapports, les ministres dénoncent le mal. Mais, après comme avant le rapport de septembre 1908, on parle en Corse d'opérations électorales viciées par l'administration, d'agents du pouvoir qui votent à bulletin ouvert, de candidature officielle, de petits fonctionnaires (instituteurs, facteurs, cantonniers), qui reçoivent, par circulaire (1), une invitation à voter pour tel candidat (2), de hauts fonctionnaires qui sont menacés de révocation, et frappés parfois, s'ils votent mal; ou ne font pas bien voter...Ces histoires sont-elles vraies? Est-elle vraie, cette histoire d'une dépêche, adressée de Paris au plus haut fonctionnaire de l'île, et où on l'avertissait d'avoir à boucler ses malles si, le dimanche suivant, tel nom ne sortait pas des urnes? Je ne saurais l'affirmer, mais je ne me risquerais pas à le nier. Un pays où de pareilles histoires circulent librement, où elles sont acceptées par tout le monde, où elles ne font même plus scandale, n'est pas un pays où l'administration respecte la dignité de l'électeur.

Nulle part, les vices inhérents au scrutin majoritaire d'arrondissement n'éclatent d'une façon plus répugnante. C'est la domestication complète de l'autorité publique, mise au service de quelques chefs de bande; c'est le triomphe de la fraude et de l'oppression déguisées d'un vêtement légal; c'est la mise au pillage du pays au profit d'une oligarchie; c'est

(1) Avec injonction, m'a-t-on dit, de signer sur un bordereau constatant qu'ils ont reçu la circulaire.

(2) Parfois de voter, au second tour, contre le candidat que l'Administration recommandait au premier. *Cose di Corsica*. En somme, rien n'a changé depuis le livre de Paul Bourde, qui est de 1886.

la démoralisation croissante et — j'insiste sur ce point — la démoralisation voulue de tout un peuple. Ajoutons: d'un peuple qui, dans les relations ordinaires de la vie, est d'une honnêteté antique.

Une administration coloniale cherche, plus ou moins adroitement, à élever le niveau des populations indigènes qui lui sont confiées: l'administration corse tend sans cesse à dépraver l'âme des citoyens.

Et cela se fait au nom de la République française et du peuple français...

Aussi, parmi les maux dont le Rapport de septembre 1908 signalait la guérison comme urgente se trouvait précisément le mal politique. Mais que s'est-il passé depuis lors? D'où vient que les phrases hardies et cinglantes du Rapport de septembre soient remplacées, au Rapport de juillet, par des formules vagues et atténuées (1)? D'où vient que, parmi les remèdes proposés par la Commission, il y en ait si peu qui aient pour fin de faire disparaître ces plaies? D'où vient que la nécessaire chirurgie ait fait place à un traitement bénin? D'où vient que s'il est question des vices du régime communal, on ne souffle mot ni de l'administration départementale elle-même, ni des relations entre le corps électoral et ses représentants au Parlement (2)?

Serait-ce que la Commission aurait reculé devant le nettoyage des écuries d'Augias? Serait-ce qu'au bout de chacune des avenues où elle s'engageait — question agraire, question des transports, question forestière, question de la malaria, etc. — elle aurait rencontré sur sa route le même obstacle, l'omniprésent, le tout-puissant politicien? Et ne serait-ce pas aussi que ceux-là même qui avaient mission de

(1) P. 718: « Le pouvoir communal est à chaque élection, disputé avec acharnement, ingéniosité et violence. » Suit un excellent exposé du *spoils system corse*. P. 719: « Sans doute, des abus analogues se sont produits dans d'autres départements. En Corse, ils ont atteint le maximum d'intensité. »

(2) La Chambre de Commerce d'Ajaccio avait cependant le courage de dire, dans son Rapport à la Commission: « Si le maire de village était devenu... un seigneur tout-puissant, qui avait transformé sa commune en fief... quelles mesures les représentants du pouvoir ont-ils prises pour couper le mal dans sa racine? »

la guider lui auraient fait comprendre qu'on ne tenait pas trop, après tout, à être débarrassé de cet obstacle?

II. — De quelques Remèdes.

Les lecteurs qui ont bien voulu me suivre jusqu'ici ne se font plus, j'ai tout lieu de le croire, la moindre illusion sur l'état réel de la Corse. Sous la splendeur de la flore, la misère apparaît; dans ces âmes robustes,mais peu compliquées, c'est le découragement qui naît; chez ce peuple que nous n'avons pas su fortement relier à la vie nationale, c'est peut-être demain, la désaffection qui commence.

Quels remèdes?

Pour le continental pressé, pour celui qui tranche toutes les questions à la table d'un café d'Ajaccio ou de Bastia, le remède est tout trouvé; il est d'une simplicité enfantine:changer la mentalité du peuple corse (1). Rien de moins, rien de plus.

Cela est bientôt dit. Comme si la « mentalité » d'un peuple était un composé chimique, dont on modifie magiquement la nature en y versant quelques gouttes de cet acide, en y supprimant trois grammes de ce sel! Même l'école serait impuissante, à elle toute seule, à transformer la mentalité corse; car le problème n'est pas d'ordre purement intellectuel. La mentalité d'un peuple, c'est-à-dire l'ensemble de ses façons de voir, est le reflet de ses façons de vivre. La mentalité du peuple corse est une mentalité de pasteurs transhumants, coureurs de maquis et brûleurs de forêts, de cultivateurs à la bêche, de montagnards qui ne voient la mer que de loin et de haut, d'insulaires farouchement isolés du monde. Pour en faire un peuple moderne, un fragment de notre peuple, il faut leur donner le moyen de gagner plus à vendre leurs châtaignes qu'à détruire leurs châtaigniers, leur fournir des charrues et des machines agricoles, installer sur leurs côtes des pêcheries, rapprocher leur île des marchés du continent.

(1) *Rapport du ministre de l'Intérieur:* « Modifier l'esprit public. » *Rapport Delanney*, « changement de mœurs »

Sans abuser du matérialisme historique, on peut dire que, pour changer la mentalité d'un peuple, il faut créer chez lui de nouveaux intérêts, modifier son échelle des valeurs. Tant qu'on ne l'a pas fait, c'est une cruelle plaisanterie que de dire à ceux qui se plaignent de leur misère: « Changez votre mentalité », et de répéter des variations connues sur les thèmes de *Colomba*.

Créer des intérêts. — Dans cette œuvre complexe, les Corses, assurément, doivent avoir leur part. L'initiative privée, surtout l'initiative collective (1) sont des instruments indispensables de relèvement. S'il est une formule qu'il faut inlassablement répéter à ces Ligures de culture latine, c'est celle-ci: aide-toi, le ciel t'aidera ! Que les Corses dépensent à fonder et à faire vivre des syndicats, des coopératives et des ligues, le quart seulement, non le dixième des forces qu'ils dépensent à former et à soutenir une combinaison électorale, et ce serait déjà beaucoup.

C'est tout une éducation à faire. — Pour lutter contre le monopole, contre la « tyrannie » de la Compagnie de navigation, des commerçants bastiais avaient, il y a quelques années, formé un Syndicat d'armement. Immédiatement, suivant une tactique bien connue, la Compagnie baissa ses prix. Que vit-on ? Des membres du Syndicat retirèrent le fret à *leurs propres navires* pour le porter à la Compagnie (2). Mais il existe des symptômes encourageants. Les syndicats agricoles se développent. Le tourisme a fait naître des syndicats d'initiative qui ont même réussi (chose inouïe en Corse), à se fédérer. Nous parlerons tout à l'heure de la Ligue contre le paludisme. Ces victoires de la solidarité sur l'esprit d'in-

(1) Qui se heurte, malheureusement, à l'individualisme et à la jalousie.

(2) Même histoire (voy. *Bastia-Journal* du 12 mai), pour la salaison des cédrats. Comme les entrepreneurs leur offraient des prix dérisoires, les propriétaires se syndiquèrent et s'entendirent avec les magasins généraux. Le Syndicat payait les fruits au double du prix offert par les entrepreneurs, plus une ristourne après la vente aux confiseries. Immédiatement, les « accapareurs » portèrent leurs prix à un taux supérieur, et le Syndicat ne put trouver à acheter la quantité qui l'aurait rendu maître du marché.

dividualisme farouche, sur la jalousie, sont du meilleur augure (1).

Mais, toute seule, l'initiative privée sera impuissante. Et il y a pour la puissance publique un autre rôle à jouer que celui de garde-champêtre qui confisque des troupeaux dévastateurs, ou de gendarme lancé à la poursuite d'un bandit. Nous répétons que la Corse est, économiquement, une colonie. Après cent quarante ans de domination française, c'est un pays neuf. En Corse, comme en Algérie ou en Tunisie, il y a des travaux d'aménagement, de mise en train et de mise en valeur, de premier établissement, qui ne peuvent être faits que par la puissance publique. On dit à l'île: « Aide-toi ! », mais il faut que le ciel l'aide (2). Nous tâcherons, dans ce qui suit, de faire la part des hommes et la part des dieux.

Les Corses ont, il y a trois ou quatre ans, inventé un remède; remède qui ne demanderait presque rien à l'Etat, très peu de chose aux Corses eux-mêmes, tout à la nature. Cette panacée, c'est le tourisme. On devine les variations que l'on peut broder, que l'on a brodées, dans l'île et hors de l'île, sur ce thème séduisant (3). « Ile Verte », « Ile de Beauté », terre de granit et de porphyre, falaises rouge-sang qui tombent dans la mer bleue; gorges profondes, vertigineuses, qui entaillent jusqu'à la base les dômes vert-bronze des serpentines, luisantes comme des carapaces d'animaux monstrueux; crêtes neigeuses qui se dressent au-dessus des orangers et des cactus; « Suisse » dans la mer, Suisse méditerranéenne, la Corse n'a qu'à se couvrir d'hôtels pour réussir là où la Suisse a réussi. — Voilà ce que vous entendrez répéter d'Ajaccio à Bastia, de Portovecchio à Sartène.

Que le tourisme puisse contribuer au relèvement de la Corse en y amenant du numéraire, je n'en disconviens pas.

(1) Le *Rapport Delanney* compte beaucoup sur les syndicats.

(2) *Rapport de la Chambre de Commerce d'Ajaccio* à la Commission.

(3) Voy. la dernière manifestation de cet état d'esprit chez Marc Lefébure: *Pour la Corse* (Revue du *Touring-Club*, avril 1909, p. 172): « L'industrie hôtelière, occupation relativement facile et profitable, doit devenir, comme en Suisse, la principale industrie du pays. »

Et je ne suis pas de ceux qui ont cru devoir, à la suite d'un voyage peut-être malchanceux, éteindre d'un jet d'eau glacée l'incendie des enthousiasmes insulaires (1). Non, il n'est ni médiocre, ni banal, le petit pays qui, sur ses 877.000 hectares, rassemble en une pittoresque synthèse les paysages des Alpes, des Apennins et des Pyrénées, du Limousin, de l'Estérel, de la Kabylie, du Languedoc. Il faut, par des publications (2), des conférences, etc., faire connaître ces beautés. Il faut surtout les faire connaître dans la France « continentale » et africaine, afin que l'on rencontre sur les routes corses autre chose qu'un nombre croissant d'Allemands et un nombre décroissant d'Anglais. Il faut obtenir de nos Compagnies de chemins de fer et de navigation que la Corse soit traitée, en ce qui concerne les billets circulaires, sur le même pied que le Dauphiné ou la Provence, l'Algérie ou la Tunisie (3). Il faut, quant ce ne serait que pour ce motif, réparer et augmenter les routes, développer et améliorer les services de voitures et automobiles (4). Il faut multiplier et agrandir les hôtels sans les transformer en caravansérails, en cherchant à leur conserver le caractère simple, savoureux, cordialement hospitalier qui fait le charme de plus d'une excursion dans l'intérieur.

Mais que les Corses se défendent contre le mirage, contre l'hypnose du tourisme. Le remède, s'il est appliqué sans discernement, ne fera qu'aggraver le mal. — Il faut toute la naïveté de ces enfants insulaires pour croire que leur pays va pouvoir rivaliser avec la Suisse. Ils oublient d'abord que la Suisse est située sur le continent, et que la Corse est une

(1) Voy. un article sévère, presque grognon, de M. Martel, dans *La Nature*.

(2) Le Syndicat d'initiative publie une revue, *Corsica*, et un guide, *L'Ile de Corse*. Mais c'est une mauvaise économie que de *vendre* ce guide, au lieu de le distribuer, de l'envoyer contre simple remboursement des frais de poste. Pour lancer une affaire, i ne faut pas lésiner sur la propagande.

(3) Cette réforme vient enfin d'être réalisée.

(4) Les autos actuelles sont suffisantes pour les transports en commun, tout à fait insuffisantes pour le tourisme. Comparer celles de la Rivière de Gênes.

île: eût-on cent fois amélioré les moyens de transport, il est encore des milliers de touristes que la sainte terreur du mal de mer attachera au rivage. La Suisse est un carrefour de voies, au croisement des principaux rails européens; la Corse est excentrique, à l'écart des grandes lignes de navigation. *On passe* par la Suisse, il faut *aller* en Corse.

Mais c'est par un autre endroit que la comparaison cloche. — Les Corses oublient — ou ils ne savent pas — qu'en Suisse le tourisme n'a pas créé, précédé, il a suivi et achevé le relèvement économique. L'agriculture et l'élevage, la métallurgie et la soierie, l'organisation du commerce suisse au dehors et celle des voies ferrées au dedans ont fait plus pour la richesse du peuple suisse que trois douzaines de Rigi-Kulm. Que les Corses imitent les Suisses, mais en tout; qu'ils leur prennent la législation hardie par laquelle ils ont, dès 1838, « soustrait les montagnes à la dévastation systématique des chèvres, des moutons et donné l'essor à l'exploitation du gros bétail qui assure la sauvegarde du sol et la fortune du pays (1) »; *qu'ils exportent des beurres et des fromages* (2), du miel et des cires, des poissons et du gibier. Ils se créeront ainsi des ressources plus sûres que celles de l'industrie hôtelière.

Si même le tourisme arrivait à prendre un développement prématuré, avant que ne se fussent développés les autres organes de la production, que se produirait-il, que se produit-il déjà ? Les denrées alimentaires sont, dans l'île, en quantité insuffisante ; la présence des hôtes de passage a pour effet de les raréfier encore. L'argent qu'ils répandent autour d'eux, et dont la plus grosse part sert à payer les achats de denrées faits à Marseille, cet argent, loin d'enrichir réellement l'île, y amène la hausse des prix. Déjà la Corse paie son pain plus cher, ses pommes de terre beaucoup plus cher que la

(1) L. A. Fabre : *L'Exode montagneux*, p. 198, n. 1.

(2) La Sardaigne, située sous le même climat, exporte 1.500 à 2.000 tonnes de fromage par an, surtout vers le Brésil et La Plata, plus 80.000 bœufs et vaches (de Kergorlay : *Souvenirs de Sardaigne*, dans la *Revue des Deux-Mondes*, juin 1909, p. 657).

moyenne des Français (1). Si la viande se tient au-dessous de la moyenne, les denrées spécialement requises pour le service des hôtels, comme la volaille, sont hors de prix. — Trop de mangeurs de poulets et pas assez de poulets, tel pourrait bien être, si les Corses ne se décident pas à élever des volailles, le bilan désastreux du tourisme.

On dit que l'excès du mal produira le remède, et que la consommation stimulera la production. Mais la Corse ne peut pas affronter impunément une crise des subsistances, et il serait plus logique de mettre des bœufs devant la charrue. c'est-à-dire d'améliorer les rendements.

Quel doit être, ici, le rôle de l'Etat ?

D'abord, donner des modèles et des leçons. — Que l'on parcoure les rapports publiés par le gouvernement canadien sur ses « fermes expérimentales », et l'on verra ce que peut l'exemple pour propager les saines méthodes. Une laiterie modèle à Ajaccio, c'est trop peu (2), dans un pays qu'il s'agit de faire passer de l'élevage du petit bétail à l'élevage du gros. Une école d'agriculture, c'est trop peu encore, dans un pays dont l'agriculture doit être l'essentielle richesse. Il faut les multiplier, il faut créer des écoles primaires supérieures avec *section agricole*, développer (disons mieux, introduire), à l'école communale un enseignement agricole élémentaire. Ajaccio ou Bastia devrait posséder un bureau d'agriculture, qui fournirait gratuitement aux intéressés des renseignements, des résultats d'analyses, des semences, des échantillons d'engrais. Et pourquoi ce bureau ne publierait-il pas,

(1) *Statistique agricole annuelle*, 1907 :

		Corse	Moyenne pour la France
Pain blanc	le kilo	0 38	0 34
— bis		0 30	0 27
Bœuf		1 34	1 64
Mouton		1 35	1 84
Porc		1 60	1 76
Charbon de bois	le quintal	6 07	10 49
Pommes de terre		7 81	4 66

Des Corses m'assurent que ces prix sont plutôt inférieurs à la réalité.

(2) Ajouterai-je que des étrangers m'ont dit être sortis de cette laiterie « modèle », positivement écœurés ?

comme l'Algérie ou la Tunisie, un bulletin qui mettrait les syndicats et leurs membres au courant des essais tentés dans des régions similaires, qui leur ferait connaître les débouchés nouveaux, les procédés d'expédition, les bonnes méthodes d'emballage (1). Mêmes mesures à prendre pour faire l'éducation industrielle du peuple corse, pour y créer plus d'ouvriers et moins de fonctionnaires (2).

Mais, pour profiter des conseils des techniciens, il faut de l'argent ou du crédit. L'Etat seul peut organiser en Corse le crédit agricole, soit en faisant des avances aux syndicats, soit en créant des banques agricoles, soit en s'adressant aux grands établissements continentaux. Tant qu'on n'aura pas résolu ce problème, dont la Commission interministérielle annonce la mise à l'étude, il est absolument inutile de prêcher aux Corses les mérites de la charrue moderne: leur araire égratigne à peine le sol, mais il coûte 4 francs.

L'Etat doit augmenter la superficie forestière, en reboisant tous les domaines qui peuvent lui échoir, en achetant de nouveaux domaines, en mettant en défense de nouveaux périmètres, en donnant des primes aux communes et aux particuliers qui reboisent.

L'Etat doit augmenter la superficie agricole, par l'assainissement des régions insalubres. — Il a été, sur ce point, aidé, devancé par l'initiative privée. La *Ligue corse contre le paludisme*, créée en 1902 par le feu Dr Battesti (3), s'est inspirée des méthodes italiennes pour engager contre le fléau, en attendant les grandes opérations des ingénieurs, une guerre d'escarmouches. Deux armes, les mêmes qui ont amené de prodigieux résultats dans les marais pontins: la toile

(1) L'excellent *Bulletin de l'Office du gouvernement général de l'Algérie* est, à cet égard, un modèle à suivre.

(2) Croira-t-on que la Corse ne possède pas de service de microbiologie? Un Corse mordu par un chien suspect doit partir pour Marseille ou pour Pise. Il suffirait, semble-t-il, d'une entente avec l'une de nos Universités du Midi pour mettre un terme à ce scandale.

La Chambre de Commerce d'Ajaccio réclame cette réforme de l'enseignement, et le *Rapport Delanney* la promet.

(3) Et sous l'inspiration du professeur Laveran. Le siège de la Ligue est à Bastia. Voy. Dr F. BATTESTI: *Comment on se défend contre le paludisme* (Lyon, 1903, vendu 0 fr. 15 au profit de la Ligue). Dr THIERS et G. STEFANI: *La lutte contre le paludisme en Corse* (Lyon, 1907).

métallique et la quinine à bon marché. Grâce à la Ligue, depuis 1904, la Compagnie des chemins de fer protège les gares et maisonnettes situées dans les régions insalubres (1), et distribue gratuitement la quinine à ses employés. Les Douanes, les Ponts et Chaussées, les Postes ont suivi cet exemple. La Ligue a employé une subvention de 3.000 fr., qui lui vient du ministère de l'Agriculture, à des installations gratuites de chassis protecteurs dans les hameaux (2). Enfin tout membre de la Ligue (la cotisation est de 1 *franc* par an) a droit à se procurer chez tous les pharmaciens adhérents (3) le sulfate de quinine à un prix très réduit (4). Par de petits *tracts*, des prospectus indiquant la méthode de traitement, par des cartes postales, par des affiches apposées dans les gares (5), elle se livre à une inlassable propagande. Les résultats qu'elle a obtenus sont des plus significatifs (6).

Mais ces mesures de détail ne sauraient suffire. Dans l'expérience italienne, elles ont joué le rôle d'auxiliaires des grands travaux, les seuls qui puissent réaliser l'assainissement total et rendre des terres à la culture. L'œuvre de préservation de la Ligue doit être complètée par l'Etat (7). N'oublions pas que l'Etat italien consacre à l'assainissement de la Sardaigne (de Kergorlay, *art. cité*, p. 655), une somme de 60 millions de lire, réparties en 10 annuité.

Partout, d'ailleurs, où des travaux de ce genre ont été faits, même partiellement, partout où des canaux d'irrigation et de dessèchement ont été creusés, où l'on a remis en eau vive les

(1) 57 installations.

(2) La Ligue avait, à la fin de 1907, protégé 28 habitations.

(3) Tous les pharmaciens de Bastia et d'Ajaccio, une dizaine dans le reste de l'île.

(4) 3 fr. 50 le flacon de 30 grammes. La Ligue demande plus : la création (comme en Italie depuis 1902), d'une *quinine d'Etat*, qui serait vendue non seulement par les pharmaciens, mais par les bureaux de postes et les facteurs.

(5) Les gares reçoivent les adhésions à la Ligue.

(6) Avant 1906, sur 405 personnes protégées mécaniquement, le taux des malades était tombé de 53,3 0/0 à 12,5 0/0. « Pour 1907 et 1908, d'après une communication que je dois à la courtoisie du Dr Thiers, les statistiques donnent à peu près les mêmes résultats. » La prophylaxie quininique a fait tomber le taux de 50 0/0 environ à 11,3 0/0.

(7) Vœu émis par le Congrès de 1907 de l'Alliance d'hygiène sociale.

rigoles deltaïques, tendu des rideaux d'eucalyptus, le pays s'est repeuplé et enrichi (1). C'est bien l'idée d'une Flandre qu'évoquent ces plaines, d'une Flandre capable de nourrir ce gros de bétail dont la Corse a besoin. Aussi ne peut-on qu'applaudir au projet de loi déposé le 26 juin 1907, et qui prévoit l'exécution par l'Etat de 11 millions et demi de travaux. Qu'on se hâte de voter ce projet, et surtout que l'emploi de ce nombre considérable de millions soit surveillé avec soin, pour que rien n'en soit détourné de la destination prévue. Enfin, suivant le vœu exprimé par la Commission, que le délai d'exécution soit réduit de dix à cinq ans. La Corse n'a pas le temps d'attendre.

Plus s'accroîtront les forces productrices, plus s'imposera la nécessité d'en assurer la circulation facile et rapide. Comment préconiser une exploitation rationnelle des forêts tant que le mètre cube de bois de construction, vendu sur place de 2 à 10 francs, reviendra dans les ports à 30 ou 40 francs; tant que le pin maritime, qui vaut entre 0 fr. 50 et 2 fr. 50 en forêt, coûtera en bas 18 à 25 francs? Comment encourager la culture des fruits, si les fruits ne peuvent s'exporter? Il n'y a pas lieu, croyons-nous, d'augmenter considérablement le réseau des routes nationales. Mais il ne faut pas compter sur les communes pour réorganiser, ni même pour entretenir le réseau vicinal (2). Là encore, l'action de l'Etat est indispensable; et, si l'on nous dit que toutes ces interventions se traduisent par des dépenses, nous demanderons à la France de ne pas faire pour la Corse moins que l'Italie ne fait pour la Sardaigne, voisine et semblable (de Kergorlay, *ibid.*, p. 656).

Reste l'achèvement des chemins de fer. Le projet de loi déposé le 1er avril dernier prévoit l'achèvement de la ligne de Bastia-Bonifacio, qui s'arrête actuellement à Ghisonaccia: en

(1) Deprat, *Ouvr. c.*, p. 95: « ... La belle vallée de la Solenzara est à ce point assainie par de grandes plantations d'eucalyptus et de travaux d'assèchement bien compris que les eaux abondantes d'une rivière... y circulent au milieu d'un pays des plus riants. » *Ibid.*, p. 84, 97. Dans le golfe de Porto, six ans après les travaux de 1890, la morbidité avait déjà diminué de 60 0/0.

(2) Le rapport officiel dit que, si l'on appliquait les barêmes ordinaires, le réseau ne serait pas achevé en un siècle.

desservirait ainsi cette plaine orientale qui doit être mise en valeur, et l'on rattacherait au réseau l'extrême-sud de l'île. Comme l'on envisage, d'autre part, la création d'une ligne électrique dans la région très accidentée Ajaccio-Propriano, il n'y aurait plus qu'une lacune d'environ 65 kilomètres dans la voie circulaire, destinée à faire le tour complet de l'île.

Le projet de loi propose de concéder l'exploitation de la ligne Ghisonaccia-Bonifacio à la Société qui exploite le réseau actuel; par la même occasion, une nouvelle convention serait substituée, pour l'ensemble du réseau, à celle qui avait été conclue en 1883, et qui vient à expiration le 3 décembre 1909 (1).

Le nouveau cahier des charges contient, sans aucun doute, de sérieuses améliorations. Le nombre des trains de voyageurs sera porté à trois sur la ligne de Bastia-Ajaccio. Elle pourra être portée à trois sur les lignes de Bonifacio et de Calvi, dès que la recette kilométrique atteindra 4.000 francs, et à quatre sur toutes les lignes où cette même recette atteindra 5.200 francs. Dès que la recette brute du réseau total atteindra 5.000 francs (4.317 en 1908), les prix seront abaissés à 0,0675 pour la 2e classe (au lieu de 0,075), et à 0,044 (au lieu de 0,055) pour la 3e. L'Etat continuera à payer à la Compagnie une redevance, et, le cas échéant, une prime d'économie.

Ce projet a soulevé en Corse le plus vif mécontentement. On s'étonne de voir le réseau livré, et cette fois pour une période de trente ans, à la Compagnie fermière, sans qu'on ait peut-être suffisamment examiné les autres solutions (2), et

(1) Il n'est pas question, dans l'*Exposé des motifs*, de la Ligne Corté-Aléria, par le Tavignano, dont Ardouin-Dumazet signalait l'intérêt stratégique. Actuellement, la Corse a 296 kilomètres de voies ferrées, la Sardaigne (pour 792.000 habitants), plus de 1.000 (voy. Kergorlay, p. 655).

(2) L'*Exposé des motifs* les écarte par des fins de non-recevoir: une coopérative? L'exploitation manquerait de régularité et de discipline. Un entrepreneur de travaux publics, qui est demandeur en concession? « Il n'a point encore fait ses preuves comme exploitant », et, ce qui est plus sérieux, il offre des conditions moins avantageuses. Quant à l'argument final: « Nous ajouterons qu'une solution est urgente... Les pourparlers avec la Compagnie exploitante ont été laborieux et l'ouverture de nouvelles négociations entraînerait de nouveaux retards sans qu'on

notamment la reprise par l'Etat (1). Sans se prononcer, en principe, sur la question de l'exploitation par l'Etat, on peut croire que ce système présente des avantages dans ce pays neuf et pauvre, où le chemin de fer doit être considéré moins comme une entreprise industrielle que comme un service public. En somme, la situation de la Compagnie fermière ressemble assez à ce qu'était celle de l'Est algérien: et l'on sait à quelle solution s'est arrêté M. Jonnart. — L'agitation soulevée par cette question était au fond de la grève, qui a interrompu, cette année, la circulation sur les chemins de fer corses. Ainsi s'explique la popularité de cette grève, si dommageable pourtant aux intérêts corses. Les ordres du jour faisaient remarquer, fort judicieusement après tout, que la convention n'impose ni augmentation de vitesse, ni même « diminution du tarif dans un délai déterminé ». La diminution conditionnelle est un leurre dans un pays pauvre, où seule la baisse des prix peut amener l'accroissement rapide de la circulation et la hausse des recettes.

Dussé-je passer pour un étatiste endurci, j'exprimerai aussi l'opinion que, pour la navigation de port à port (2), et pour les rapports avec le continent, la vraie solution aurait été éga-

puisse être certain d'en tirer des avantages », j'ose croire que ses auteurs ne le prennent pas au sérieux.

(1) Proposition de loi de M. Marcel Régnier. L'*Exposé des motifs* lui oppose cette raison assez inattendue que l'Etat aura déjà fort à faire en Corse avec les travaux d'assainissement sans qu'on le charge d'une nouvelle besogne. Nous ne savions pas notre ministre des Travaux publics (c'était alors M. Barthou), si timide. En fait, on n'a pas même mis en parallèle les avantages de la Régie et de la prise en ferme: la Commission interministérielle a émis l'avis qu'il y avait intérêt « à examiner, *avant d'envisager* la gestion directe par l'Etat, si cette exploitation ne pourrait pas être concédée dans de *bonnes* conditions »? Bonnes? ou meilleures?

La Chambre de Commerce d'Ajaccio, Compagnie peu suspecte de socialisme, se demandait en 1908, s'il ne convenait pas que les chemins de fer corses fissent retour à l'Etat. Même sentiment à Bastia: une lettre de M. Pierangeli, député, à la Chambre de Commerce de cette ville (*Bastia-Journal* du 6 juin 1909), dit que le ministre « s'est refusé à admettre le principe de l'exploitation par l'Etat et a fait connaître qu'il s'opposerait à toute proposition qui se produirait dans ce sens ».

(2) N'oublions pas qu'entre Calvi et Ajaccio (et, jusqu'à la construction du chemin de fer électrique, entre Ajaccio et Propriano), le bateau à vapeur est *un organe de circulation intérieure*.

lement la nationalisation du service. Ainsi en a jugé le royaume d'Italie, qui n'a pas voulu confier exclusivement à une Compagnie, ni même à des compagnies, le soin d'assurer ses relations avec la Sardaigne et la Sicile (1). Mais, puisque l'Etat est lié encore pour une période de dix ans (2), et que le monopole de pavillon empêche, sauf dans les cas exceptionnels, de faire sérieusement appel à la concurrence, il s'agit de tirer de la convention tout le parti possible. Or, le cahier des charges donne au ministre le droit, pendant les dix premières années de la concession (soit jusqu'en 1915), d'augmenter le nombre des services et celui des escales, moyennant une augmentation de la subvention (3). Quelques dizaines de mille francs dépensés à propos permettraient de rapprocher la Corse de la France, et en même temps, de desservir des régions déshéritées,telle cette laborieuse commune d'Ota, qui ne peut développer ses cultures de fruits ou exploiter ses carrières, tant que Porto n'est pas touché par les vapeurs, ou encore les « marines » de la côte orientale, Por-

(1) La loi du 5 avril 1908 met, en ce qui concerne la Sardaigne, à la charge de la Direction générale des chemins de fer de l'Etat, l'exploitation des lignes: Civitavecchia-Golfo Aranci, avec prolongement jusqu'à Terranova, quotidienne; Golfo Aranci et Maddalena, quotidienne.Ce qui ne l'empêche pas, d'ailleurs de subventionner sept lignes privées, à destination de l'île: Gênes, Livourne, Capraia, Maddalena, Porto Torres (hebdomadaire); Gênes, Porto Torrès (26 fois par an); Gênes, Savone, Livourne, Portoferraio, Maddalena, Golfe Aranci, Cagliari, Orisiami (ligne côtière, 20 escales dans l'île); Maddalena, Bastia, Livourne, Spezia, Gênes (hebdomadaire); une autre ligne côtière en sens inverse, avec mêmes escales, également hebdomadaire; Cagliari, Civitavecchia, Cagliari, Naples (toutes hebdomadaires); Carloforte, Portovenere, Calasetta, Carloforte (quotidienne). L'ensemble des subventions pour ces lignes monte à 4.900.000 francs, auxquels s'ajoute une part à prendre sur le crédit de 2.700.000 fr. mis à la disposition des services d'Etat siculo-sardes. En outre, les ports sardes sont visités par les deux lignes subventionnées: Gênes-Venise (l'une à 52 voyages, l'autre à 26), par la ligne Palerme, Trapani, Cagliari (hebdomadaire), par les deux lignes Gênes-Turin (hebdomadaire); par la ligne Oneglia-Marseille, et San Rémo-Porto Torrès. « Ce n'est qu'avec de grosses subventions, dit très bien de Kergorlay (*art. cité*, p. 656), qu'il est possible de faire circuler des trains souvent à peu près vides, de faire naviguer des bateaux dont les cales sont peu chargées de marchandises et les cabines inoccupées. »

(2) L'adjudication, faite en vertu de la loi du 3 janvier 1903, n'a eu lieu que le 23 mars 1905, pour une durée de quinze ans.

(3) A l'amiable ou à dire d'experts.

tovecchio, Solenzara. Enfin l'Etat pourrait, par persuasion, obtenir de la Compagnie des améliorations qui sont de son intérêt à elle, par exemple, des installations frigorifiques, qui amèneraient le développement de la culture des primeurs, des fleurs, des fruits (1), l'exportation du gibier, la transformation de la pêche, rendraient possible la fabrication en grand des fromages (2) et peut-être la création d'une industrie du beurre (3). On aiderait ainsi la Compagnie à sortir de ce cercle vicieux: ne pas réaliser, sous prétexte que le fret manque, les améliorations matérielles qui feraient naître le fret. *Enfin, l'Etat pourrait négocier des ententes, fécondes* pour le producteur corse et aussi pour les parties contractantes, entre ces trois facteurs: les chemins de fer corses, la Compagnie de navigation, les chemins de fer continentaux.

Conclusion.

Parmi ces réformes d'ordre matériel, plus d'une figure au programme élaboré par la Commission interministérielle (4). Contrôle actif des services maritimes, stricte application du cahier des charges, remaniement des tarifs d'embarquement et de débarquement, développement des tarifs communs permettant l'envoi direct des produits d'une gare corse à une gare française, réformes douanières; voilà pour le commer-

(1) A une question que je lui avais posée à ce sujet, la Compagnie a répondu: « Etant donnée la brièveté des traversées entre le Continent et la Corse, il n'a pas paru nécessaire jusqu'ici d'établir à bord des paquebots des installations frigorifiques pour le transport des primeurs.» Mauvaise réponse, qui ne tient compte ni du marché de Paris, ni des marchés étrangers. Des fruits refroidis, transbordés à Marseille dans les chambres froides des paquebots, se classeraient sur le marché de Londres; mis dans des wagons frigorifiques, ils gagneraient, comme ceux d'Algérie ou du Comtat, les marchés allemands.

(2) On exporte déjà le fromage fabriqué sur la côte orientale par la Société de Roquefort, parce qu'il se conserve facilement.

(3) Actuellement, la Corse reçoit son beurre du continent: il rancit quelques jours après le débarquement, ce qui nuit au développement du tourisme.

(4) Quelques-unes figuraient déjà au rapport inaugural, qui proposait, pour y faire face, une surtaxe sur l'alcool. On ne parle plus de ce moyen fiscal. Aurait-on tremblé devant une insurrection de débitants?

ce. Répression des délits pastoraux, assainissement de la plaine orientale et des estuaires, développement de l'enseignement agricole et introduction de cet enseignement à l'école primaire et primaire supérieure, organisation du crédit agricole, voilà pour l'agriculture. Soumission des châtaigneraies et des bois communaux au régime forestier, achats par l'Etat de terrains à reboiser, subventions aux entreprises de reboisement, voilà qui doit sauver et étendre la parure végétale de l'île. Classement de tous les chemins vicinaux, comme chemins d'intérêt commun, achèvement du réseau ferré, voilà pour la circulation intérieure.

Restent les réformes purement politiques. — C'est ici que la Commission nous paraît avoir été singulièrement timide. Sur un point seulement, à savoir: la nécessité de donner à la Corse « un personnel d'élite (1) », elle est allée au fond des choses; sur tout le reste, on dirait qu'elle a eu peur de proposer des mesures trop spéciales, trop peu conformes aux règles administratives ordinaires (2). Elle a poussé cependant l'audace jusqu'à proposer, en certains cas, une restriction de l'autonomie communale: après un délai de cinq ans, la gestion des communes dont la situation financière n'aurait pas été liquidée serait déférée à une Commission spéciale. Il est excellent aussi d'avoir décidé que les médecins du service d'hygiène seraient inéligibles aux fonctions municipales dans leur circonscription. L'institution d'une police rurale d'Etat paraît également nécessaire. Mais, quand on aura fait cela, on aura élagué l'arbre, on ne l'aura pas coupé à sa racine.

Il me semble que les réformes profondes, les seules qui peuvent modifier l'esprit public, devraient se formuler ainsi:

1° Puisque la Corse ne peut devenir une colonie, rapprocher autant que possible son administration du type colonial,

(1) A chaque partie du rapport revient, comme un refrain: « Avantages spéciaux à concéder au personnel envoyé en Corse. » Page 719: « Les fonctionnaires continentaux envoyés en Corse ne sont généralement que des débutants n'ayant encore ni toute l'expérience, ni toute l'autorité exigées par leurs emplois, plus délicats à remplir qu'ailleurs. »

(2) Pourtant, le rapport emploie souvent l'expression « choses de Corse ».

c'est-à-dire lui conférer le maximum d'autonomie administrative. Il importe que le chef de l'administration corse soit une sorte d'intendant, groupant autour de lui, et sous sa direction, les chefs des services techniques (1). Ces services ne s'ignoreraient plus les uns les autres; ils s'entendraient pour une œuvre commune. L'operation à réaliser rappellerait, toutes proportions gardées, celle qui a consisté, en Algérie, à supprimer les décrets, dits de rattachemnt ». On a fait visiter l'île par une Commission *interministérielle;* c'est à une conférence interministérielle qu'il faudrait confier l'application du programme:

2° N'envoyer en Corse que des fonctionnaires d'élite, déjà préparés à l'étude des questions méditerranéennes, qui s'intéresseraient au pays, et qui pourraient, sans préjudice pour leurs intérêts, lui consacrer plusieurs années de leur existence; c'est, en somme, ce que demande la Commission;

3° Choisir, autant que possible, ces fonctionnaires parmi les « continentaux ». Pendant quelques années, cette règle devrait être appliquée avec une rigueur toute particulière au recrutement de la magistrature. En ce pays dont l'état social rappelle celui du moyen âge, il y a lieu de revenir à la pratique de Charlemagne, qui n'envoyait jamais un comte dans le comté où étaient ses biens et sa famille. Cette mesure pourra paraître dure, inique: le salut de la Corse est à ce prix. Les fonctionnaires immigrés (2) n'apporteraient pas au règlement des questions insulaires une mentalité corse. Inversement, les jeunes aspirants fonctionnaires (ils seront longtemps encore, très nombreux), iraient faire obligatoirement l'apprentissage de la vie continentale, et rapporteraient chez eux, au retour, un lot d'idées neuves;

4° Exécuter les lois, avec justice, mais sans faiblesse, lois

(1) Et non un hôte de passage, sorte de touriste bureaucratique. Le préfet qui a guidé dans ses travaux la Commission interministérielle a déjà quitté Ajaccio pour une autre résidence!

(2) Il y aurait lieu, d'ailleurs, d'une façon générale, de favoriser l'immigration des continentaux (en 1901, il n'y avait pas en Corse plus de 6.389 Français nés en France, plus de 1.376 nés en Algérie), et l'émigration temporaire des Corses (voyez ce que les « Américains » ont fait du cap Corse). La Commission insiste sur les leçons de choses que pourraient donner des cultivateurs du continent.

forestières, lois fiscales, lois scolaires, etc. Ces lois ayant été préalablement adaptées aux conditions locales (au besoin par des réglements spéciaux d'administration publique), il deviendra possible d'en exiger l'application intégrale (1) ;

5° Interdire à tous les fonctionnaires de tout ordre, toute *immixtion abusive dans les luttes politiques locales*; poursuivre impitoyablement tous faits de pression ou de corruption; défendre énergiquement tous les fonctionnaires, depuis le conseiller à la Cour d'appel jusqu'au cantonnier, contre les politiciens (2). Le jour où les luttes de partis n'auront plus pour enjeu la conquête des emplois publics, elles perdront beaucoup de leur intensité.

Se trouvera-t-il un gouvernement pour accepter ce programme? Ce gouvernement trouvera-t-il la demi-douzaine d'hommes, intègres et intelligents, qu'il faudrait pour l'appliquer? Trouvera-t-il surtout « l'homme », le chef qui sera capable de centraliser leurs efforts, de les diriger, qui assumera la responsabilité de cette politique nouvelle et hardie?

A ces trois problèmes est lié, en définitive, l'avenir de la Corse.

---

(1) On va voir par un exemple, ce que peut donner l'application brutale des lois françaises: dans toutes les écoles du centre, la fréquentation scolaire est traditionnellement irrégulière pendant la première semaine d'octobre, parce que les enfants sont alors employés à la cueillette des châtaignes: ne s'est-il pas trouvé un haut fonctionnaire, tout frais débarqué, pour reprocher aux instituteurs de *n'avoir pas marqué les absences* pendant cette première semaine?

(2) Je ne me dissimule pas qu'une pareille réforme ne sera possible qu'après la réalisation de la réforme électorale, c'est-à-dire après la disparition *du scrutin majoritaire* d'arrondissement.

Paris. — Typ. A. Davy, 52, rue Madame. — *Téléphone 704-19.*

www.ingramcontent.com/pod-product-compliance
Ingram Content Group UK Ltd.
Pitfield, Milton Keynes, MK11 3LW, UK
UKHW021037220726
13924UKWH00001B/364